Dieses Buch gehört:

___

Matthias von Bornstädt

Das Kummer-Kamel des Sultans

Wickie und die starken Männer
Lesen lernen
2. Klasse
ab 7 Jahren

Klett Lerntraining

Bibliografische Information der Deutschen Nationalbibliothek
Die Deutsche Nationalbibliothek verzeichnet diese Publikation in der Deutschen Nationalbibliografie; detaillierte bibliografische Daten sind im Internet über http://dnb.d-nb.de abrufbar.

Dieses Werk folgt der neuesten Rechtschreibung und Zeichensetzung.

Auflage 3 2 1 | 2014 2013 2012
Die letzten Zahlen bezeichnen jeweils die Auflage und das Jahr des letzten Druckes.

www.lesedrachen-club.de
Der Online-Zugang zum Lese-Führerschein ist bis fünf Jahre nach Erscheinen des Buches gewährleistet.
Teamleiterin Lernhilfen Grundschule: Susanne Schulz
Redaktion: Sandra Meyer
Umschlaggestaltung und Layout: Sabine Kaufmann, Stuttgart
Illustrationen: Agentur Christian Ortega, Barcelona
Satz: GreenTomato GmbH, Stuttgart
Druck: G. Canale & C. S.p.A., Turin
Printed in Italy
ISBN 978-3-12-949067-9

Inhalt

Sagenhafte Schätze

Halvar und seine Truppe
hat es in den Orient verschlagen.
Sieben Wochen und sieben Tage
dauerte die Fahrt in das Land
von tausendundeiner Nacht.
Dort soll es fliegende Teppiche
und seltsame Geister geben,
die in Wunderlampen leben.

„Das sind natürlich Märchen.
Aber die sagenhaften Schätze
des Sultans von Turbi-Turban,
die gibt es wirklich!“,
sagt Halvar überzeugt.
„Und die schnappen wir uns!“

Wickie gibt zu bedenken:
„Wenn der Sultan solche Schätze hat,
werden sie bestimmt gut bewacht.
Das könnte gefährlich werden."
Doch davon will Halvar nichts hören.

Die Wikinger verankern ihr Schiff
in einer kleinen versteckten Bucht.
Dann ziehen sie los.
Es geht mitten durch die Wüste
zu einer großen Oase,
in der der Palast des Sultans liegt.

Kurz nach Mitternacht
stehen die Männer vor dem Palast.
Über ihren Köpfen funkeln die Sterne,
und der Sand zu ihren Füßen schimmert
wie lauter winzige Diamanten.
Mit einer Wikinger-Räuberleiter
überwinden sie die Mauer.

„Hui! Das ging leichter als gedacht“,
freut sich Snorre.
Doch plötzlich ertönt
ein bedrohliches Knurren.
Die Männer erschrecken heftig
und purzeln die Mauer wieder hinunter.
Ein kräftiger Tiger springt
direkt auf sie zu!
Zum Glück ist er angeleint.
Er wird von einer Palastwache geführt.

„Werft diese Bande ins Gefängnis!“,
befiehlt der oberste Wachmann.
„Morgen kommen sie vor den Sultan!“
Und ehe sie sich versehen,
finden sich die Wikinger
in einer muffigen Zelle wieder.
„Wehe, du sagst jetzt etwas!“,
kommt Halvar Wickie zuvor.
Und Snorre bibbert:
„Was der Sultan wohl mit uns macht?“

Der Sultan ist besorgt

Die Männer sind sehr aufgeregt,
als sie am nächsten Morgen
in den Thronsaal geführt werden.
Wie zornig wird der Sultan sein?
Doch sie erwartet eine Überraschung:
Der Herrscher von Turbi-Turban
hockt wie ein Häufchen Elend
auf seinem riesigen Thron.
Er wirkt überhaupt nicht zornig,
sondern sehr niedergeschlagen.

„Durchlauchtester Sultan!
Diese Fremden wollten heute Nacht
Eure königlichen Schätze stehlen!“,
bellt der Oberwachmann.
„Welches Schicksal soll sie treffen?“
„Tja, das Schicksal, das Schicksal …“,
murmelt der Sultan ganz leise.

Wickie wagt, vorsichtig zu fragen:
„Herr Sultan, was fehlt Euch denn?“
Der Sultan hebt den Blick.
Er hat Ringe unter den Augen.
„Mir fehlt gar nichts.
Aber meinem Lieblings-Kamel!
Meinem armen Komo geht es nicht gut“,
sagt er betrübt und erzählt:
„Komo und ich kannten uns schon,
als ich ein kleiner Junge war.

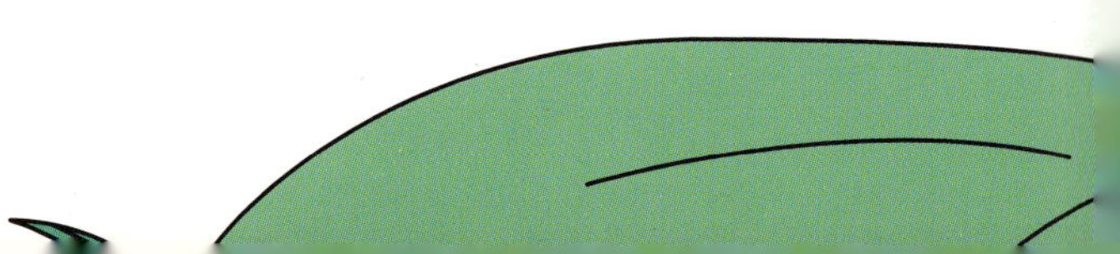

Ein guter Freund meines Vaters,
der Maharadscha von Agra,
hat mir Komo damals geschenkt.
Komo ist noch nie krank gewesen.
Aber seit einiger Zeit ist er
nicht mehr wiederzuerkennen.
Und keiner meiner Gelehrten
kann ihm helfen ...“

Halvar kommt auf eine Idee.
„Das ist ein Fall für Wickie!“,
bringt er forsch hervor.
„Mein Sohn hat ein helles Köpfchen!“
Der Sultan mustert Wickie.
„Wenn du meinen Liebling heilst,
lasse ich euch alle frei
und bedecke euch mit purem Gold!“
Die Wikinger sehen sich erstaunt an.
Und Halvar ruft an Wickies Stelle:
„Großartig! Abgemacht!“

Komo hat Kummer

Kamel Komo wohnt
in einem wahrhaft königlichen Stall.
Die Wände sind kunstvoll bemalt
und leuchten in den schönsten Farben.
Der Boden ist mit
einem kostbaren Teppich ausgelegt.
Ein richtiger kleiner Palast!

„Der Sultan hat den ganzen Stall
erst vor Kurzem renovieren lassen“,
erklärt Komos Wärter.
Das Kamel aber scheint
an all der Pracht nichts zu finden.

Matt döst Komo auf seinen Kissen.
Sein Blick ist leer wie die Wüste.
„Und seht nur, seine Höcker
sind furchtbar geschrumpft“,
klagt der Sultan.
„Wisst ihr, in den Höckern
verbergen sich die Fettpolster.
Aber seit Tagen hat Komo
kaum etwas gefressen.“
Wickie denkt nach:
„Vielleicht müsste man Komo
etwas besonders Leckeres servieren?“

Hier weiß Faxe am besten Bescheid.
Er muss auch nicht lange grübeln:
„Ein schönes Früchtebrot –
das schmeckt Komo bestimmt!“
Faxe wird in die Palastküche gebracht
und zaubert ein köstliches Gebäck.
Sein Wikinger-Rezept verfeinert er
mit allerlei Gewürzen aus dem Orient.
Wie das aus dem Ofen duftet!

Komo zeigt sich jedoch
wenig beeindruckt.
Das Kamel schnuppert kurz.
Aber es rührt keinen Bissen an.

Wickie überlegt weiter.
„Vielleicht hilft Ablenkung besser?“,
meint er und wendet sich an Ulme:
„Kannst du für Komo ein Lied singen?“

Das tut Ulme gern.
Er greift zur Harfe und legt los:
„Schau nicht so scheel,
du liebes Kamel!
Das Leben ist ein Höcker,
es geht bergauf, bergab.
Doch nimmst du es gelassen,
dann bleibst du stets im Trab!“
Komo jedoch versteckt sich
in seinen Kissen.

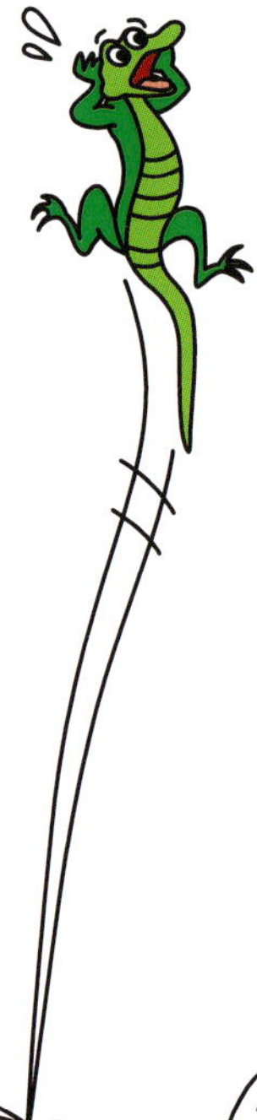

Überraschung bei Nacht

Abends werden die Wikinger
zurück ins Gefängnis gebracht.
Wickie kann nicht schlafen
und liegt lange Zeit wach.
Unruhig wälzt er sich hin und her,
als er plötzlich
ein merkwürdiges Kratzen vernimmt.

Wickie horcht auf:
„Das kommt von draußen!“
Er tapst zum vergitterten Fenster
und späht zum Kamelstall hinüber.
Dort hockt ein kleiner Schatten ...
Wickie winkt einem Gefängniswächter
und lässt sich auf den Hof führen.
Aus der Nähe erkennt er,
wer da am Kamelstall kratzt:
Ein kleiner Hund!

Der Wächter will das Tier verjagen.
Doch Wickie hält ihn zurück:
„Könnt Ihr mit der Fackel
bitte kurz auf die Wand leuchten?“
Der Wächter tut ihm den Gefallen.
„Nanu, diese Bretter hier sehen
viel neuer aus als die anderen“,
stellt Wickie fest.
„Hier wurde bei der Renovierung
ein kleines Loch geschlossen“,
erklärt der Wächter.

Wickie rubbelt an seiner Nase.
„Ah! Ich hab's!", ruft er.
„Der kleine Hund hat dieses Loch
als Eingang benutzt!"
Der Wächter fragt stutzig:
„Was wollte er denn im Kamelstall?"
„Das sehen wir gleich," grinst Wickie.
„Aber vorher rufen wir
den Sultan!"

Der Sultan erscheint kurz darauf
schlaftrunken am Stall.
Das Geheimnis wird gelüftet,
als der Wächter die Stalltür öffnet:
Der kleine Hund saust in den Stall,
aus dem sogleich
ein lautes „Mööööp?!“ ertönt.
Es kommt von Komo,
der den Hund freudig begrüßt!

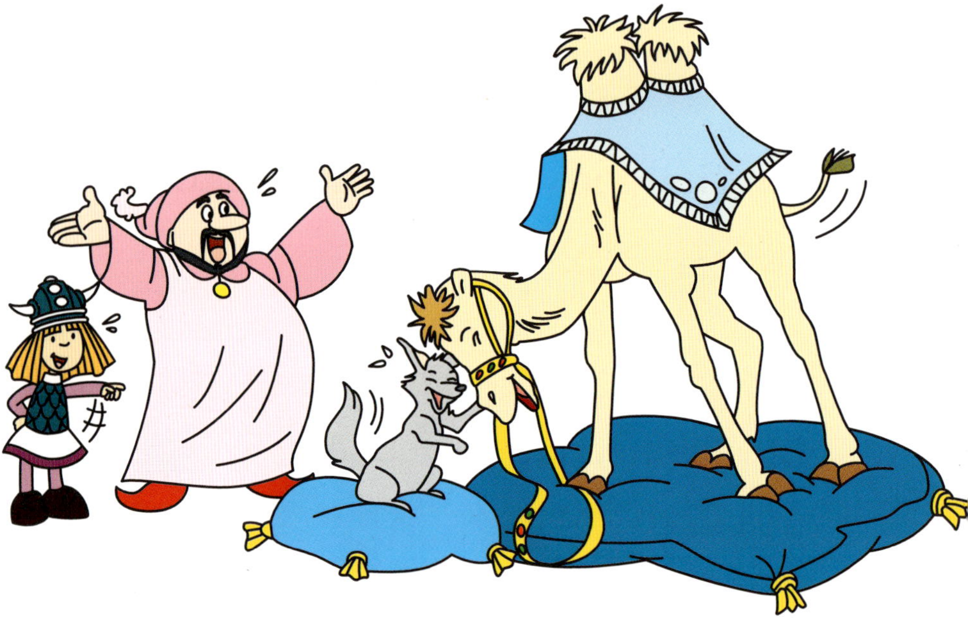

Wickie erklärt dem Sultan:
„Bestimmt hat der Hund
Euer Kamel oft besucht.
Aber seitdem das Loch in der Tür
verschlossen wurde,
kann er nicht mehr in den Stall.
Und Komo hat ihn wohl vermisst!“
Der Sultan ruft freudig:
„Ich lasse eine kleine Klappe bauen!
Dann können die zwei sich sehen,
wann immer ihnen danach ist!“

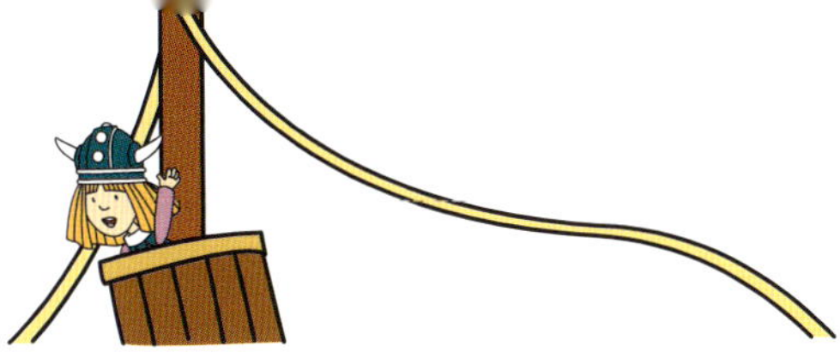

Am Tag darauf macht der Sultan
sein Versprechen wahr:
Er lässt die Wikinger frei
und bedeckt sie mit purem Gold.
Die Karawane des Sultans
bringt die Männer zu ihrem Schiff.

Wieder auf hoher See
ruft Halvar voller Stolz aus:
„Unser Schiff schwimmt im Wasser,
aber wir schwimmen in purem Gold!“

Starke Fragen für helle Köpfe

1 Wie lange dauert die Reise der Männer in den Orient?

D ☐ sieben Wochen und sieben Monate

K ☐ sieben Wochen und sieben Tage

R ☐ sieben Wochen und sieben Stunden

2 Halvar und seine Männer sind unterwegs zum Sultan von …

E ☐ … Tari-Tara.

O ☐ … Taram-Tam-Tam.

A ☐ … Turbi-Turban.

3 **Was wollen sich die Wikinger schnappen?**

- **M** ☐ sagenhafte Schätze
- **N** ☐ fliegende Teppiche
- **L** ☐ seltsame Geister in Wunderlampen

4 **Warum hat Wickie Bedenken bei dem Beutezug?**

- **O** ☐ weil er weiß, dass es die Schätze gar nicht gibt
- **I** ☐ weil er Angst vor Kamelen hat
- **E** ☐ weil er vermutet, dass der Palast gut bewacht ist

5 **Wieso ist der Sultan nicht zornig, als er die Wikinger sieht?**

- **R** ☐ weil er weiß, dass die Wikinger unschuldig sind
- **G** ☐ weil er Mitleid mit den Wikingern hat
- **L** ☐ weil er traurig ist wegen Komo

6 **Warum wohnt Komo in einem prächtigen Stall?**

S ☐ Komo ist das Lieblings-Kamel des Sultans.

B ☐ Im Orient wohnen alle Kamele in prächtigen Ställen.

T ☐ Komo ist in Wirklichkeit ein verzauberter Prinz.

7 **Was versuchen die Wikinger zuerst, um Komo zu helfen?**

P ☐ Ulme spielt ihm ein Lied vor.

T ☐ Faxe backt ein Früchtebrot.

G ☐ Sie bauen eine Klappe an den Stall.

8 **Was fehlt Komo?**

O ☐ etwas Gutes zu fressen

I ☐ der Sultan

A ☐ sein Freund, der Hund

9 **Wie reagiert der Sultan, als er von Komos Geheimnis erfährt?**

- N ☐ Er ist sehr verärgert.
- L ☐ Er ist froh und erleichtert.
- F ☐ Er bekommt Magenschmerzen.

10 **Am Ende könnte man sagen: Aus Komo, dem Kummer-Kamel, wird Komo, das …**

- L ☐ … Glücks-Kamel.
- P ☐ … Schlummer-Kamel.
- Ü ☐ … Kirmes-Kamel.

Lese-Führerschein

Lösungswort

Hast du alle Fragen beantwortet?
Dann trage hier die Buchstaben der richtigen Antworten ein.

1	2	3	4	5	6	7	8	9	10

Tipp: Das Lösungswort hat etwas mit der Geschichte zu tun!

Gehe jetzt gemeinsam mit deinen Eltern auf **www.lesedrachen-club.de**

So geht's zum Lese-Führerschein

1. Melde dich kostenlos mit einer E-Mail-Adresse und einem Passwort an.

2. Klicke dann auf Start, und wähle auf der Seite dein Buch aus.

3. Gib nun das Lösungswort ein, bestätige die Eingabe mit OK. Schon hast du 100 Punkte auf deinem Punkte-Konto gutgeschrieben!

4. Nun kannst du dich mit den Lese-Übungen, die für dein Buch angezeigt werden, im Lesen richtig fit machen und die noch fehlenden 50 Punkte für deinen Lese-Führerschein sammeln.

5. Hast du alle Fragen richtig beantwortet? Dann wartet dein Lese-Führerschein auf dich!

Viel Erfolg!